# Helma Hardenberg - Natur und Poesie

Helma Hardenberg

# Natur und Poesie

Ch.H.-Verlag
für Literatur und Kunst
Stuttgart - Wien

**CH.H.-Verlag** für Literatur und Kunst
Stuttgart - Wien
E-Mail: Ch.H-Verlag-Stuttgart@t-online.de
Tel. 0711-47 92 180     Fax 0711-47 92 179

Herstellung: W. Kohlhammer Druckerei GmbH + Co. KG,
Stuttgart

Printed in Germany

1. Auflage 2008

ISBN 978-3-00-025443-7

Meinen Töchtern
Katja und Susanne

# Inhalt

Vorwort

Poesie wird mit der Seele geschrieben. In ihr geben wir tiefen Gefühlen von Trauer und Schmerz, wie wir sie beim Verlust eines geliebten Menschen durchleben, Ausdruck, aber auch Momenten der Freude und Dankbarkeit. Manchmal sind es auch Erlebniss in unserem Umfeld, die uns so sehr berühren, dass wir sie niederschreiben müssen.

Im vorliegenden Bändchen habe ich meine Gefühle, Erlebnisse und Erfahrungen in Verse gefasst, einer kleinen Lebensmelodie vergleichbar, so, wie es die Poeten früherer Tage taten, die ihren Versen einen Reim und Rhythmus gaben, so dass Komponisten sich eingeladen fühlten, sie zu vertonen.
Und weil ich nirgendwo sonst so viel Ruhe und inneren Frieden finden kann wie in der Natur, habe ich meinen Gedichten Naturfotos beigegeben. Vielleicht schenken Ihnen die schönen Bilder ebenso viel Freude wie mir.
Professor Dr. Dr. med. Axel Gehrke, ehem. Direktor der Klinik für Physikalische Medizin und Rehabilitation der Medizinischen Hochschule Hannover, machte mich darauf aufmerksam, dass im alten Ägypten Ärzte depressiven Patienten Spaziergänge durch Blütengärten, Parks und Anlagen verordneten und Wissenschaftler beobachten konnten, dass Schmerzpatienten ihre Schmerzen vergaßen, solange sie sich im Garten aufhielten, und dass die Anwesenheit von Blumen den Blutdruck und Stresslevel zu senken vermochte.

In diesem Sinne wünsche ich Ihnen, liebe, verehrte Leser, Freude und Entspannung beim Spaziergang durch meinen bunten Garten der Natur und Poesie.

Helma Hardenberg

## Alles im Leben hat seine Zeit

Alles im Leben hat seine Zeit,
das Glück und die Freude, doch auch das Leid.

Weil beides dem Leben innewohnt,
freu dich, weil Traurigsein sich nicht lohnt.

Du änderst damit dein Schicksal nicht.
Drum zeige der Welt ein heitres Gesicht!

So, wie ich bin...

So, wie ich bin, so nehme ich mich hin,
weil ich doch ein Gedanke Gottes bin.
Er hat mich so gewollt und so erdacht,
mich ganz genau so, wie ich bin, gemacht.

Und wünschte ich mir, anders auszusehn,
Gott würde mich wahrscheinlich nicht verstehn.
Denn er hat mich erdacht, so, wie ich bin.
Drum nehme ich mich einfach fröhlich hin.

## Was wirklich zählt

Willst du immer weiter streben
nach dem Ruhm der Welt?
Wirst vielleicht dabei verlieren
das, was wirklich zählt.

Willst du unablässig suchen
nach Erfolg und Glück?
Gehst vielleicht daran vorüber,
holst es nicht zurück.

Das, was wirklich zählt im Leben,
sind nicht Ruhm und Geld.
Das sind Spuren uns're Liebe,
wenn der letzte Vorhang fällt.

## Zeit zur Muße

Gott schuf die Welt einst an sechs Tagen.
Dann hat er erst mal ausgeruht,
um ganz zufrieden festzustellen:
Was ich geschaffen hab, ist gut.

Damit will Gott, der Herr, uns sagen:
Auch du brauchst Muße, Menschenkind,
damit nicht nur mit Müh und Plagen
freudlos deine Zeit verrinnt.

Weil uns nur eine Frist gegeben,
genieße dankbar jeden Tag.
Im Rückblick wird dein ganzes Leben
so kurz sein wie ein Wimpernschlag.

## Trost

Tröste dich und sei versichert:
was dich heut auch plagen mag,
jede dunkle Nacht muss enden,
und es folgt ein neuer Tag.

Wechselvoll ist unser Leben,
reich an Freude wie an Leid,
und nach kummervollen Tagen
folgt wieder eine gute Zeit.

Glück ist...

Glück ist, gesund morgens aufzustehn,
den Himmel statt grau wieder blau zu sehn,
sich freun über Klatschmohn am Ackerrand
und blühenden Efeu an einer Wand.

Glück ist ein Licht, das für dich nur brennt,
ein Mensch, der sofort deinen Namen kennt,
ein Vogel, der fröhlich sein Liedchen singt,
ein Kind, das dir Wiesenblumen bringt.

Glück kann auch sein, wenn du Freude schenkst,
und wenn du an jemanden liebevoll denkst,
auch wenn du nach einem längeren Streit
wieder zu einer Versöhnung bereit.

Glück ist auch, nicht mehr alleine zu sein,
sich wieder mal richtig von Herzen zu freun,
vielleicht auch ein Mensch, der dir völlig vertraut,
und wenn du mal traurig bist, gern nach dir schaut.

Das Glück wohnt in dir und kostet kein Geld.
Es ist wie ein Licht, das die Seele erhellt.
Gelingt's dir, die Welt mit dem Herzen zu sehn,
wirst du auch am Glück nicht vorüber gehn.

## Lob dem Alleinsein

Bist du manchmal ganz allein,
darfst du wirklich glücklich sein.
Kannst den Tag im Bett verbringen,
Bücher lesen, Lieder singen,
oder Bach und Mozart hören.
Niemand wird dich dabei stören.

Kein Mensch hetzt dich, aufzustehn,
um nach Wichtigem zu sehn,
um zu putzen, einzukaufen,
oder mit dem Hund zu laufen.
Und es schaut auch niemand krumm,
läufst du ungekämmt herum.

Ohne dass du jemand fragst,
kannst du essen, wann du magst.
Schmatzt du, oder kaust du Möhren,
niemand wird sich daran stören.
Musst auch Süßes nicht vermeiden.
Keiner wird es dir verleiden.

Kannst vom Teller Reste schlecken,
ohne Mitleid zu erwecken,
weil du nicht ganz kultiviert.
Geb dich frei und ungeniert,
weil dich niemand sieht noch hört,
oder deinen Frieden stört.

Brauchst nur was du gern machst, tun,
oder einfach auch nur ruhn.
Keiner gibt dir kluge Lehren,
die wir alle nicht gern hören.
Darum ist es wirklich fein,
manchmal ganz allein zu sein.

## Meine Liebe

Wie ein zarter Schmetterling,
der sich dem Duft der Blumen,
der Wärme der Sonne und
dem Gesang des Windes anvertraut,

mach ich's mit meiner Liebe.
Ich trage sie zu den Sternen,
in die Stille der Nacht
und mit meinen Träumen zu dir.

## Dein guter Engel

Ach, wenn ich doch dein guter Engel wäre,
dann könnt ich still an deiner Seite sein
und Zuversicht und Mut in dir verstärken
und dich von Angst und Traurigkeit befrein.

Ach, wenn ich doch dein guter Engel wäre,
dann breitete ich weit die Flügel aus,
um dich vor allem Bösen zu bewahren.
Nur Glück und Freude ließ ich in dein Haus.

Ach, wenn ich doch dein guter Engel wäre,
der segnend über deinem Hause wacht.
Die schönsten Träume würd ich zu dir tragen
und sanften Schlaf in friedevoller Nacht.

## Verführung

Ich würde dich gerne im Mohnfeld verführen,
dich zärtlich am ganzen Körper berühren,
dir liebevoll all Deine Sorgen vertreiben
und glücklich auf Samtblüten liegen bleiben.

Ich möcht deine Arme gern um mich spüren,
mit Liebe und Leidenschaft dich verführen,
mit dir mich in weichen Mohnblättern wiegen,
auf Sonnenstrahlen zum Himmel fliegen.

## Vertrauen

Ich lege meine Hand in deine
und gebe mich dir gänzlich hin,
weil ich zuversichtlich glaube:
Du liebst mich, so, wie ich bin.

Grenzenlos ist mein Vertrauen,
dass du stets wahrhaftig bist.
Auf dich kann ich sicher bauen,
weil du hältst, was du versprichst.

## Verlorenes Glück

Ich habe alles besessen,
für eine kurze Zeit:
den Zauber einer Liebe,
das Glück so himmelweit.

Nun bist du fortgegangen.
Nichts blieb von dir zurück.
Du nahmst mir deine Liebe
und all mein Lebensglück.

## Gewissheit

Kann ich meine Seele zwingen,
dass sie nicht mehr zu dir fliegt,
wenn mich Träume zu dir tragen
und die Sehnsucht mich besiegt?

Wenn in meinem tiefsten Innern
die Gewissheit wohnen blieb,
dass mir Gott als Ziel des Lebens
einzig deinen Namen schrieb.

Einsamkeit

Tag und Nacht vermiss ich dich.
Keine Hoffnung tröstet mich.
Schwermut lastet dumpf auf mir,
und ich sehne mich nach dir.

Alles atmet noch dein Wesen,
als wärest du grad hier gewesen.
Doch du gingst, ganz ohne Streit,
und ich leide Einsamkeit.

## Lebemann

Er nennt sich recht stolz einen Lebemann
und nimmt alles mit, was er kriegen kann.
Er hat niemals Mitleid noch Reue gekannt,
ist treulos von einer zur andren gerannt.

Hat seinen Charakter mit Lügen verbogen
und arglose Mädchen gar listig betrogen.
Hat allen das Glück und die Liebe versprochen
und vielen von ihnen das Herz gebrochen.

Er kennt nicht Moral und glaubt nicht an Gott,
und Tugend und Treue belegt er mit Spott.
Er hat sich als Liebesdiener geschunden
und doch dabei niemals sein Glück gefunden.

Ich schaue ihn mir aus der Ferne an
und denke: Bist du doch ein armer Mann.
Hast niemals die wahre Liebe erlebt.
Hast eigentlich völlig umsonst gelebt.

## Das schnelle Glück

Gibst mir schnell noch einen letzten Kuss,
weil ich dich jetzt ziehen lassen muss.
Suchst den Wechsel und das schnelle Glück.
Gehst zum Neuen, und ich bleib zurück.

Reichst noch einmal flüchtig mir die Hand.
Alles schwindet, was uns einst verband.
Hast du all das Schöne schon vergessen,
das wir doch am Anfang mal besessen?

Sorgsam wollten wir das Glück bewahren.
Wodurch ging's verloren mit den Jahren?
Hältst es nicht mehr länger bei mir aus,
sagst du einfach und verlässt das Haus.

Auch die neue Liebe wird nicht halten,
wird genau wie uns're, schnell erkalten.
Und dann wirst du wieder einfach gehn.
Findest nur den Reiz des Neuen schön.

Leider liebst du nicht mit deiner Seele,
und ich spüre, dass ich dir nicht fehle.
Gehst ganz einfach. Schaust nicht mehr zurück.
Suchst den Wechsel und das schnelle Glück.

Und immer noch bist du mir nah

Ich laufe unter dem Blätterdach des Waldes,
durch den wir einst gemeinsam gingen.
Und plötzlich weiß ich dich neben mir,
so, als habest du auf mich gewartet.

Ich setze mich auf die alte Bank,
auf der wir einst gemeinsam ausruhten.
Und plötzlich spüre ich deine Hand,
so, als habest du sie nach mir ausgestreckt.

Ich schaue in den Sternenhimmel,
zu dem wir einst gemeinsam hochschauten.
Und plötzlich wird es wärmer und heller,
so, als habest du eine Kerze in mir entzündet.

Ich schließe meine Augen und halte inne,
dort, wo wir uns zum ersten Mal trafen.
Und plötzlich spüre ich deine Arme um mich,
so, als wolltest du mich halten.

Dein Abschied hat gar nichts endgültiges,
denn du lebst weiter in mir,
weil meine Liebe die Trennung überdauert
und nicht enden wird, solange ich lebe.

## An ein Ungeborenes

Ich sage mutig ja zu dir,
wehrloses Geschöpf in mir.
Gott hat dich liebevoll erdacht,
und dich mir zum Geschenk gemacht.

Hat gütig dich mir anvertraut,
weil er auf meine Liebe baut.
Drum sag ich dankbar ja zu dir,
kleines Gotteskind in mir.

## An ein Neugeborenes

Selig nehm ich dich entgegen,
wundervolles neues Leben.
Weiß beglückt und demutsvoll,
gar nicht, wie ich danken soll.

Schau dich überwältigt an,
weil ich noch nicht fassen kann,
wie meine Liebe wundersam
in dir, mein Kind, Gestalt annahm.

Seit es dich, mein Engel, gibt,
weiß ich erst, dass Gott uns liebt,
und dass dort, wo Güte ist,
Gott in uns’rer Mitte ist.

## Nimm dankbar dein Kind

Nimm dankbar dein Kind, wie Gott es gegeben.
Beschütze mit Liebe sein wertvolles Leben.
Erfreue dich dran, täglich neu zu entdecken,
all seine Gaben. Hilf du, sie zu wecken.

Begleite es fürsorglich in dieses Leben.
Es freundlich zu fördern sei stets dein Bestreben.
Hilf ihm, mit Fröhlichkeit aufzubauen:
Zuversicht, Kraft und auch Selbstvertrauen.

Mach ihm Mut, fleißig und strebsam zu sein
und sich an seinen Erfolgen zu freun,
doch auch, von allem, was Gott ihm gegeben,
etwas an Schwächere weiterzugeben.

Zeig ihm, was Liebe und Güte ist,
damit es später selbst fähig ist,
anderen Liebe und Güte zu schenken,
statt egoistisch an sich nur zu denken.

Bete, dass Gott es beschützen mag,
Freude ihm schenken an jedem Tag.
Irgendwann gehst du. Dein Kind bleibt allein,
um dann die Spur deiner Liebe zu sein.

## Wie ein spielendes Kind

Lass uns, wie ein spielendes Kind,
glücklich im Augenblick leben;
alles mit völliger Hingabe tun,
als dürften wir ewig leben.

Sandburgen bauen, als wären sie
für die Ewigkeit bestimmt;
ganz vergessen, dass wir doch hier
Erdengäste auf Zeit nur sind.

## Schöne Kindheit

In meinen Träumen lauf ich immer wieder
die alten Wege meiner Kinderzeit,
durch Blumenwiesen, hör vertraute Lieder,
seh Bäume stehn im schönsten Blütenkleid.

Im hohen Grase ruh ich still mich aus,
um Käfer, Falter, Vögel zu belauschen.
Der weite, blaue Himmel ist mein Haus.
Sanft höre ich den Wind im Kornfeld rauschen.

Und auf dem schon gemähten Weizenfeld,
lass ich im Herbstwind meinen Drachen steigen.
So leicht und froh erscheint mir meine Welt,
als tanzte meine Seele einen Reigen.

Du einzigartig schöne Kinderzeit,
in meinem Herzen wirst du weiterleben.
Und ich verneige mich voll Dankbarkeit
vor Eltern, die mir solch ein Glück gegeben.

Kinder brauchen Liebe

Kinder brauchen ganz viel Liebe,
um im Leben zu bestehn,
denn sie werden nicht nur immer
ebene, sonnige Wege gehn.

Manchmal sind es tiefe Täler,
voller Last und Traurigkeit;
auch bestimmt von Abschied nehmen,
Tränen, Kummer, tiefem Leid.

Doch die Liebe ihrer Kindheit
wird sie wie ein Kraftquell tragen,
ihnen Mut und Stärke schenken
an guten wie an bösen Tagen.

## Kastanienbaum

Mein Kind spielte einst selbstvergessen im Sand,
mit reifen Kastanien, die es fand.
Hat herrliche Schlösser und Burgen gebaut
und gar nicht mehr nach seinen Früchten geschaut.

Wie war es entzückt, als nach kaum einem Jahr
plötzlich ein Bäumchen im Sandkasten war.
„Ein Bäumchen im Sand, Mama, schau doch mal her!",
rief verwundert mein Kind und freute sich sehr:

„Hab nie so ein niedliches Bäumchen gesehn!
Ist es nicht wundervoll anzusehn?
Es hat erst drei Blätter und ist noch so klein!
Wird es im Sandkasten auch gedeihn?"

Mein Kind grub sein Bäumchen behutsam aus
und pflanzt es in bessere Erde aus.
Und pflegte es rührend und goss es schön,
ging täglich zum Bäumchen, um nach ihm zu sehn.

Und kam nach der Schule mein Kind nach Haus,
dann lief es sofort in den Garten hinaus,
um lange bei seinem Bäumchen zu weilen,
als wolle es Freude und Leid mit ihm teilen.

So wurde aus beiden ein inniges Paar,
das froh und vertraut miteinander war.
Und lachte mein Kind jetzt manchmal im Traum,
dann galt es gewiss seinem Freund, dem Baum.

Die Jahre vergingen. Man glaubt es kaum.
Längst steht hinterm Hause ein hoher Baum
und streckt seine Zweige ganz neugierig aus,
als schaue es nach meinem Kinde aus.

Dann ist mir, als klage der Baum still sein Leid:
„Wo ist sie geblieben, die herrliche Zeit?
Warum ging dein Kind denn im Ausland studieren,
um dort dann auch noch sein Herz zu verlieren?"

Dann steh ich bekümmert, voll Wehmut da,
wo einstmals nur Frohsinn und Heiterkeit war,
als mir noch mein Kind ganz alleine gehörte,
und niemand den innigen Frieden störte.

Doch manchmal kommt fröhlich mein Kind zurück,
stolz und zufrieden, voll Mutterglück.
Vier Kinder stürmen dann mit ihr hinaus,
zur großen Kastanie hinter dem Haus.

Und in seinen Zweigen sind Kinderstimmen.
Da hör ich ein Lachen und Liedersingen.
So bringt meine Tochter uns beiden zurück:
vervielfachte Freude, vervielfachtes Glück.

## Lass mich nicht allein

Liebe Mama, lass mich nicht
gar so oft allein!
Will mich doch auf dein Gesicht
nach der Schule freun.

Will mich freun auf deinen Kuss
und dass du mir sagst,
dass ich mich nicht sorgen muss,
weil du mich noch magst.

## Angst eines Kindes

Ich habe Angst, und es tut mir sehr weh,
wenn ich euch immer nur streiten seh,
wenn, Mama, du wieder weinst oder schreist
und meinem Papa auch nicht mehr verzeihst.

Ich habe Angst, und es tut mir sehr weh,
wenn ich dann dich, Papa, gehen seh,
wenn du den Mantel vom Haken nimmst
und Mama alles gleich übel nimmst.

Ich habe Angst, und es tut mir sehr weh,
wenn ich euch beide dann traurig seh,
weil ihr euch nicht mehr vertragen könnt
und euch auch gar keine Freude mehr gönnt.

Ich habe Angst, und es tut mir sehr weh,
weil ich dann immer dazwischen steh.
Wenn ihr mich fragt: „Na, hab ich nicht recht?
Ich mein es gut, nur der andre ist schlecht.“

Ich habe Angst, und es tut mir sehr weh,
dass ich dann schrecklich alleine da steh.
Weil ich doch niemandem weh tun will,
schweige ich lieber, bin traurig und still.

Ich habe Angst, und es tut mir sehr weh,
weil ich die Welt plötzlich nicht mehr versteh.
Alles, was schön war, habt ihr mir genommen.
Mein Paradies ist zur Hölle verkommen.

## Wenn ein Kind weint

Immer, wenn ein Kind weint,
hört ein Vogel auf zu singen,
und die Welt wird trauriger.

Immer, wenn ein Kind ohne Liebe lebt,
schieben sich Wolken vor die Sonne,
und die Welt wird kälter.

Immer, wenn ein Kind stirbt,
fällt ein Stern vom Himmel,
und die Welt wird dunkler.

Immer, wenn ein Kind getötet wird,
stirbt ein Gedanke Gottes,
und die Welt wird ärmer.

Beschütze die Welt davor,
trauriger, kälter, dunkler
und ärmer zu werden.

Tod meines Kindes

Ich habe ein Kind zur Welt gebracht,
das war wie ein Engel, so schön.
Ich habe vor Rührung geweint und gedacht:
Hab nie so viel Anmut gesehn.

Es hat mir sein einziges Lächeln geschenkt,
dann ließ es mich wieder allein.
Im Traum hat es oft meine Schritte gelenkt,
als wollt es mein Schutzengel sein.

Nun gehe ich manchmal hinaus in die Nacht
und sehe am Himmel die Sterne.
Hat mir nicht mein Engel grad zugelacht,
aus weiter, unendlicher Ferne?

## Abschied eines kranken Kindes

Die Zeit mit dir war liebevoll und schön.
Ich dank dir Mama, doch nun lass mich gehn.
Ich wünsch mir, dass du nicht mehr traurig bist,
und dass der Abschied still und friedlich ist.

Du musst auch überhaupt nicht ängstlich sein!
Wo ich hingeh, da werd ich glücklich sein.
Ich darf zu dem, der mich beim Namen rief,
als ich noch tief in deinem Schoße schlief.

Ich weiß gewiss, dort kennt man gar kein Leid.
Von Schmerz und Krankheit bin ich ganz befreit.
Ich muss den Weg auch nicht alleine gehn.
Kannst du denn nicht den schönen Engel sehn?

Jetzt nimmt er mich ganz freundlich an die Hand.
Ich schaue in ein wundervolles Land -
ein Paradies, so überirdisch schön!
Leb wohl, bis wir uns einmal wiedersehn.

Meiner Mutter

Wenn ich an meine Mutter denke,
dann seh ich eine kluge Frau,
zwei nimmermüde fleiß'ge Hände,
zwei Augen, denen ich vertrau.

Stets seh ich sie sich emsig regen,
im großen Haus und auf dem Feld.
Mit ihrem Fleiß und Gottes Segen,
verschönerte sie meine Welt.

Wenn ich an meine Mutter denke,
dann seh ich Mut und Zuversicht,
und Hilfsbereitschaft, die nicht endet,
Bescheidenheit und Selbstverzicht.

An guten wie an bösen Tagen
war sie zur Stelle, Tag und Nacht,
mit Rat und Tat, in allen Fragen.
Hat nie dabei an sich gedacht.

Wenn ich an meine Mutter denke,
träum ich die Kindheit mir zurück,
mein Elternhaus, das sie mir schenkte,
wo Eintracht wohnte - welch ein Glück!

Für mich gabs keine Trennungssorgen.
Mit Eltern, die zusammenstehn,
konnt ich, in Liebe treu geborgen,
durch eine frohe Kindheit gehn.

Wenn ich an meine Mutter denke,
erfüllt mich tiefe Dankbarkeit.
Mein großes Vorbild war sie immer
und wird es bleiben alle Zeit.

## Rat

Musst du erst deine Mutter fragen:
„Ist dies der rechte Mann für mich?"
Mein liebes Kind, dann lass dir sagen:
„Er ist es ganz bestimmt noch nicht!"

Denn kommt der rechte Mann daher,
dann fragst du die Mama nicht mehr.
Dann weiß dein Herz es ganz allein.
Es kann nur dieser Eine sein.

Du spürst es, mit dem rechten Mann,
da fängst du selbst zu strahlen an.
Er wird zum Mittelpunkt der Welt,
weil er dein Glück in Händen hält.

Hast du den rechten Mann getroffen,
steht über dir der Himmel offen.
Er wird dein ein und alles sein,
dein Paradies, er ganz allein.

## Versprechen

Schneeglöckchen recken in meinem Garten
in die frostige Welt ihr Blütengesicht -
wie ein Versprechen, als wollten sie raten:
Sei nicht mehr traurig, verzage nicht!

Bald wird nach trübsalsschweren Tagen
wieder mit Blütenduft, Wärme und Licht
ein strahlender Frühling auf dich warten.
Hab wieder Mut und freue dich!

## Frühling

Wieder kündigt sich ein Frühling
voller Licht und Zauber an,
malt die traurig triste Landschaft
mit den schönsten Farben an.

Kahle Wälder schmücken wieder
sich mit zartem, frischem Grün.
Und wie einen weißen Teppich,
sieht man Anemonen blühn.

In den Wiesen wachsen Veilchen,
Gänseblümchen, Löwenzahn,
und im Garten Osterglocken,
Primelchen und Tulipan.

Und der Kirschbaum steht ganz plötzlich
über Nacht im Brautkleid da,
trägt Millionen weißer Blüten,
wie ich ihn nie schöner sah.

Und ich geh hinaus ins Freie,
atme tief die Frühlingsluft,
freu mich am Gesang der Vögel,
Sonnenschein und Blütenduft.

Angetan von so viel Schönheit,
steh ich überwältigt still,
lasse meine Seele fliegen,
weil sie ‘danke’ sagen will.

## Sommermorgen

Die Sommersonne weckt mich auf.
Ein Vogel singt im Garten.
Ich lausche still, dann steh ich auf.
Will nicht mehr länger warten.

An jedem Grashalm hängt noch Tau.
Die Welt scheint noch zu träumen.
Der Himmel färbt sich langsam blau.
Ein Glanz liegt auf den Bäumen.

Ein wundervoller junger Tag
scheint die Natur zu wecken.
Und Blumen seh ich nach und nach,
sich nach der Sonne strecken.

Ein Duft von Blüten hüllt mich ein,
von Rosen, Phlox und Nelken,
Levkojen, Salbei, zarter Lein
und Iris, die schon welken.

Ich fühl mich eins mit der Natur
und ganz in ihr geborgen.
Spür Frieden, Glück und Ruhe nur
an diesem Sommermorgen.

## Herbstspaziergang

Noch einmal zeigt sich herbstlich bunt die Welt,
bevor das letzte Laub zu Boden fällt.
Bald wird der Wind die schöne Pracht verwehn,
und kahl und traurig wird der Wald dort stehn.

Vom Garten weht noch zarter Rosenduft,
und doch liegt schon ein Abschied in der Luft.
Noch träumen Astern, Malven, Thymian,
doch auch für sie fängt bald das Sterben an.

Schon ist die letzte Ernte eingebracht,
der Wein gekeltert, Most und Saft gemacht.
Und auf dem leeren Kornfeld hält ein Kind
stolz seinen Drachen in den frischen Wind.

Die Vögel sind schon lange fortgeflogen.
Sind in den warmen Süden umgezogen.
Schon sieht man auch die Sonne tiefer stehn,
und die Natur will nun zur Ruhe gehn.

Und trotzdem will mir gar nicht bange werden,
liegt auch die ganze Welt um mich im Sterben.
Ich schau die Knospen an den Zweigen an.
Sie künden schon den neuen Frühling an.

## November

Ein dunkler, wolkengrauer Tag
legt sich bleischwer aufs Gemüt,
und im regennassen Garten
sind die Blumen alle längst verblüht.

Ach, wie schnell sind sie vergangen,
Tage voller Heiterkeit,
voller Licht und bunter Farben.
Alles liegt so weit, so weit.

Wintertag

Eiseskälte, nicht zu knapp,
friert mir fast die Nase ab.
Steife Finger, rote Ohren,
und die Füße blau gefroren.
Niemand geht da gerne raus
und verlässt das warme Haus.

Doch mein Hund scheint sich zu freuen
und die Kälte nicht zu scheuen.
Fröhlich springt er mir voraus,
rennt aufs freie Feld hinaus,
tobt voll Übermut herum
und wälzt sich im Neuschnee rum.

Trotz der Kälte muss ich lachen.
„Max, was machst du nur für Sachen!",
ruf ich, und er kommt zurück.
Eine Welt voll Hundeglück
blitzt aus seinen Augen raus.
Doch mich zieht es schnell nach Haus.

## Sternennacht

In einer wolkenlosen Nacht,
geh ich hinaus aufs freie Feld.
Seh über mir die Sternenpracht,
am Himmel völlig unverstellt.

Voll Andacht schaue ich hinauf,
zum endlos weiten Firmament
und frage mich: „Ob Gott, der Herr,
wohl alle seine Sterne kennt?“

Und plötzlich fühl ich, frei von Sorgen:
Obwohl ich doch nur Staubkorn klein,
darf ich, in Gottes Hand geborgen,
Teil seiner großen Schöpfung sein.

## Pflanze einen Baum

Pflanze einen Baum,
wenn du Spuren hinterlassen willst,
auch wenn du längst gegangen bist.
In seinem starken Stamm
wird ein wenig von deiner Kraft
und Jugend wohnen.
Und im sanften Rauschen
seiner Blätter und Zweige
wird dein Wesen mitschwingen.

Denn im Baum wird verborgen sein:
ein wenig von deiner Liebe,
mit der du ihn betrachtet hast,
von der Kraft deiner Hände,
mit der du ihn gepflanzt hast,
von deinen Wünschen und Träumen,
die deine Seele ihm anvertraute,
und von deinem Schmerz,
den du zu ihm getragen hast.

Das alles wird weiterleben
in deinem Baum,
wenn du längst gegangen bist.
Und in seinem Schatten
werden sich wieder Verliebte finden
und ewige Treue schwören,
Alte sich ausruhen und Trost suchen
und Menschen glücklich sein,
so, wie du es einst warst.

## Regenbogen

Von Wassernebel und Sonne gewoben,
erscheint ganz plötzlich ein Regenbogen.
Zart und verspielt, zwischen Zweigen versteckt,
bei einem Spaziergang durch Zufall entdeckt.
So fröhlich, als hätt ihn ein Künstler gemalt;
Schönheit, für die man kein Geld bezahlt.

Geschenktes Glück, das tief uns berührt
und ganz aus der Hektik des Alltags entführt.
Ach, könnten wir solchen Augenblick fassen
und auf unsere Seele wirken lassen.
Wir holten bei Kummer dann heilsam zurück
diese ganz stillen Momente von Glück.

Meer in Liebe verwandeln

Ich stehe am Ufer und schaue aufs Meer
und denk mir im Stillen, wie schön es doch wär,
könnt ich all das Wasser in Liebe verwandeln!
Es müsste kein Mensch mehr um Frieden verhandeln.

Die Sonne trüge die Liebe sofort
als Wolken an jeden entferntesten Ort
und ließe sie gütig vom Himmel regnen
und würde die Menschheit mit Liebe segnen.

Dann würde kein Reicher sein Geld mehr verprassen
und Arme verhungern und sterben lassen.
Es würde ein jeder sich liebend beeilen,
die Schätze der Welt ganz gerecht zu verteilen.

Kein Kind auf der Welt wäre dann noch allein.
Es würde geliebt und behütet sein,
von Eltern umsorgt, die in Demut erkennen,
wie reich sie doch sind, sich Eltern zu nennen.

Es ließen sich auch keine Paare mehr scheiden.
Sie wüssten, wie sehr ihre Kinder dann leiden.
Sie würden mit Liebe sich zärtlich umgeben
und blieben beisammen ein ganzes Leben.

Und Kinder, in Liebe dereinst geborgen,
die würden dann gern ihre Eltern versorgen.
Die brächten sie nicht einfach lieblos ins Heim
und ließen sie treulos im Alter allein.

Kein Mensch würde andre mehr listig betrügen.
Es gäb kein Verrat mehr, kein Heucheln und Lügen.
Es wäre die Welt schon ein Paradies,
wenn Meer sich in Liebe verwandeln ließ.

# Epilog

## Gebet

Lasse meine Worte stets wahrhaftig sein.
Lege Liebe und auch Demut mit hinein.
Hilf mir, die Herzen meiner Leser zu berühren,
doch soll mich niemand je zur Eitelkeit verführen.

Lasse meine Sprache klar und einfach sein.
Hilf mir, sie von gestelzten Phrasen zu befrein.
Halt Ironie und Spott aus meiner Rede raus
und werfe alle Oberflächlichkeit hinaus!

Lass mich die Welt mit Güte und Verständnis sehn
und Menschen in ihrer Unterschiedlichkeit verstehn.
Und sollte mir von alledem gar nichts gelingen,
so lass mich nur ein wenig Trost und Freude bringen.

Allen, die mich beim Entstehen von ‘Natur und Poesie’ ermutigt, bestärkt und unterstützt haben, möchte ich meinen aufrichtigen Dank sagen!

Meiner Tochter Susanne danke ich für ihre geduldige Hilfe und Beratung bei allen technischen Fragen und Problemen, insbesondere der Bildübertragung.

Herrn Prof. Dr. Gehrke möchte ich für hilfreiche Gespräche und Anregungen danken.

Mein ganz besonderer Dank gilt allen Fotografinnen und Fotografen, die mir in großzügiger Weise ihr wertvolles Bildmaterial zur Verfügung stellten. Ohne ihre Hilfe wäre das vorliegende Buch in dieser Form nicht zustande gekommen.

Helma Hardenberg

# Fotografenliste

Folgende Fotografinnen und Fotografen haben an diesem Buch mitgearbeitet. Ihre Namensnennung erfolgt nach der Seitenzahl ihres Fotos.

| | |
|---|---|
| Peter Steiger, Schriersheim | Seite 5 |
| Petra Schmidt, Nohfelden | 6 |
| Pascal Lachenmeier, Birsfelden/Schweiz | 10 |
| Kristin Thormann, Torgelow | 12 |
| Eva-Maria Herrmann, Ismaning | 14 |
| Gerhard Grenz, Schwarzenbeck | 16 |
| Susanne Wahl, Hamburg | 18 |
| Walter Macfelda, Wien | 20 |
| Simon Seufer, Gleichen | 22 |
| Volker Behnke, Wesseling | 24 |
| Helma Hardenberg, Stuttgart | 26 |
| Uschi Ertl, Schierling | 28 |
| Susanne Meier, Jesnitz/Anhalt | 30 |
| Berit Behrens, Bataszek, Ungarn | 32 |
| Herbert Collet, Bad Schönborn | 34 |
| Helga Wolters, Mönchengladbach | 36 |
| Henry Schubert, Würzburg | 38 |
| Dirk Rotermundt, Adendorf | 40 |
| Arnno Freudenstein, Straubing | 42 |
| Günter Roland, Schwelm | 44 |
| Dani Niemeyer, Bruchhausen | 46 |
| Erwin Frei, Thun/Schweiz | 48 |
| Karin Thießen, Dellstedt | 50 |
| Sonja Jahn, Berlin | 52 |
| Anne Giebig, Bocholt | 53 |
| Dieter Wilsdorf, Eisenberg/Thüringen | 54 |
| Uwe Engelbrecht, Bramsche bei Osnabrück | 56 |
| Manuel Ressel, Traismauer, Österreich | 58 |
| Volkmar Nockert, Niesetal bei Kassel | 60 |
| Rita Kallfelz, Saarbrücken | 62 |